Romano Lombardi

ANIMA III – Veränderung durch Neues Denken

AF002225

Romano Lombardi

ANIMA III – Veränderung durch Neues Denken

Die neue innere Überzeugung führt unweigerlich zur Veränderung und zeigt sich in ihrer äußeren Welt.

Trainerverlag

Impressum / Imprint

Bibliografische Information der Deutschen Nationalbibliothek: Die Deutsche Nationalbibliothek verzeichnet diese Publikation in der Deutschen Nationalbibliografie; detaillierte bibliografische Daten sind im Internet über http://dnb.d-nb.de abrufbar.
Alle in diesem Buch genannten Marken und Produktnamen unterliegen warenzeichen-, marken- oder patentrechtlichem Schutz bzw. sind Warenzeichen oder eingetragene Warenzeichen der jeweiligen Inhaber. Die Wiedergabe von Marken, Produktnamen, Gebrauchsnamen, Handelsnamen, Warenbezeichnungen u.s.w. in diesem Werk berechtigt auch ohne besondere Kennzeichnung nicht zu der Annahme, dass solche Namen im Sinne der Warenzeichen- und Markenschutzgesetzgebung als frei zu betrachten wären und daher von jedermann benutzt werden dürften.

Bibliographic information published by the Deutsche Nationalbibliothek: The Deutsche Nationalbibliothek lists this publication in the Deutsche Nationalbibliografie; detailed bibliographic data are available in the Internet at http://dnb.d-nb.de.
Any brand names and product names mentioned in this book are subject to trademark, brand or patent protection and are trademarks or registered trademarks of their respective holders. The use of brand names, product names, common names, trade names, product descriptions etc. even without a particular marking in this works is in no way to be construed to mean that such names may be regarded as unrestricted in respect of trademark and brand protection legislation and could thus be used by anyone.

Coverbild / Cover image: www.ingimage.com

Verlag / Publisher:
Der Trainerverlag
ist ein Imprint der / is a trademark of
OmniScriptum GmbH & Co. KG
Heinrich-Böcking-Str. 6-8, 66121 Saarbrücken, Deutschland / Germany
Email: info@verlag-trainer.de

Herstellung: siehe letzte Seite /
Printed at: see last page
ISBN: 978-3-8417-5087-7

Copyright © 2014 OmniScriptum GmbH & Co. KG
Alle Rechte vorbehalten. / All rights reserved. Saarbrücken 2014

Coaching

„Auch die längste Reise beginnt mit dem ersten Schritt."

Es kostet Mut, den ersten Schritt zu wagen und sich für einen in diesem Buch vorgestellten Weg zu entscheiden, der die richtige Richtung angibt.

Erwarten Sie keine Ratschläge, denn:

„Ratschläge sind auch nur Schläge."

Das Schöne und Edle am Coaching ist, Sie bleiben stets der Boss und es ist Ihre Reise, die Sie unternehmen. Zudem ist das Ziel kein mathematisch vorgeplantes Resultat. Alles hängt allein von Ihnen ab und davon, Ihr Ziel gemäß Ihrer eigenen inneren Einstellung zu erreichen.

Lassen Sie mich dabei Ihr Coach sein, Sie ein Stück des Weges begleiten und Ihnen die Hintergründe für die gewünschte Lebensveränderung vermitteln. Dies versetzt Sie in die Lage, Ihr Ziel bequem zu erreichen. Sie wissen ja, dass der Mensch nur Ergebnisse akzeptiert, die er selbst erzielt hat. Somit ist Ihr Ziel einzigartig und stellt sich gemäß Ihrer persönlichen Überzeugung ein.

Ihr

Romano Lombardi

(Dipl. Systemcoach)

Inhalt

Coaching 1
Vorwort 5

Kapitel I – Unsere innere Kraft 7
   Die Veränderung 7
   Angst 10
   Unseren Lebensplan entdecken 11
   Unser geistiges inneres Potential 14
   Denken 17

Teil II – Veränderungen 18
   Lebensqualität oder Lebensstandard 18
   Das Erkennen 22
   Loslassen 26
   Das hermetische Prinzip der Resonanz 30
   Mit Gefühlen zum Durchbruch 32
   Systemische Veränderungen 34
   Aus der Reihe tanzen 36
   Durch größeren Nutzen zur Veränderung 38
   Nein 40
   Absolutes Annehmen 41
   Empathie – der Schlüssel zur Veränderung 44

Vorwort

Wenn wir der Frage nachgehen, warum es uns Menschen so schwerfällt, gesellschaftliche und individuelle Lebenswirklichkeiten zu verändern, gibt uns heute die Wissenschaft eine klare Antwort. Unser emotionales Gehirn, „das limbische System", verhindert Veränderungen. Es ist programmiert unsere Lust zu maximieren. Es verweigert sich der Veränderung, solange wir nicht wissen, wie es besser geht.

90 Prozent der Menschen, die einen Herzinfarkt erlitten haben, sind nicht bereit, ihr Leben zu ändern.

Wenn ich als Coach meinen Coachees die Frage nach Veränderung in ihrem Leben stelle, werden Sinn- und Lebenskrisen wie Trennung, Tod, Krankheit, die Begegnung mit besonderen Menschen und Situationen sowie unterschiedliche Lebensformen genannt.
Wir warten ab, bis derartige Krisen und andere Katastrophen uns zur Veränderung und somit zu einer Reaktion zwingen.

Mit „Anima III – Veränderung durch neues Denken", möchte ich Ihnen Wege aufzeigen, wie wir rechtzeitig agieren können.

„Agieren ist besser als reagieren."

Ich möchte Ihnen zeigen, dass wir selbst es in der Hand haben, unser Leben nach unseren Bedürfnissen und Vorstellungen so einzurichten, dass wir ein glückliches und zufriedenes Dasein führen, ohne auf Lebenskrisen und Katastrophen zu warten, die uns zu einer Veränderung und somit zu einer Reaktion zwingen.
Anima III zeigt Ihnen Wege hin zu neuem Denken, womit sich der von Ihnen gewünschte Zustand von selbst einstellt. Die

Veränderung Ihrer Gedanken und Gefühle erreichen Sie mit den in diesem Buch vorgestellten Übungen.

Befassen Sie sich mit jeder einzelnen Strategie. Seien Sie kreativ und wechseln Sie zwischen den verschiedenen Möglichkeiten. Haben Sie sich für eine Strategie entschieden, dann führen Sie diese konsequent und mit starkem Willen durch.

"Wer sich nicht bewegt, spürt seine Fesseln nicht."
(Rosa Luxemburg)

Kapitel I – Unsere innere Kraft

Die Veränderung

Alles, was Sie hier auf dieser Erde sehen können, war zuerst eine nicht fassbare Form von Energie – eine Idee. Lassen Sie es sein, wie ich Ihnen schon gesagt habe, das Bitten und Betteln nach Glück, Wohlstand und Gesundheit.

Jeder Mensch – auch Sie! – besitzt eine schöpferische Einbildungskraft. Wenn ein inneres Bild erst einmal in Ihrer Vorstellung tief verankert ist, setzt Anima alles daran, dieses in der Realität zu erschaffen. Sobald Sie etwas in Ihrem Geist beobachten, ziehen Sie diese Dinge unweigerlich wie ein Magnet an. Diese anziehende Kraft wirkt wie von selbst genau auf das, was Sie erwarten oder denken.
Das Leben besteht zur Hauptsache aus einem Strom von Gedanken, die unser Geist produziert und unsere Seele zur Realität werden lässt.

„Für unsere Zukunft ist es viel weniger wichtig,
was wir tun, als was wir denken."

Einer meiner Coachees kam eines Tages zu mir, um mit mir ein wichtiges neues Geschäftsmodell zu erarbeiten. Er war ein erfolgreicher Unternehmer und hatte es zu Reichtum und Macht gebracht. Während unseres Coachings kamen wir auf die Kraft der Gedanken zu sprechen und wie diese richtig einzusetzen sei, um ein erfolgreiches Leben zu führen. Natürlich war es für mich ungewohnt, einen Menschen anzutreffen, der bereits über dieses Wissen verfügte und es auch richtig anwenden konnte. Die Frage lag in der Luft, und ich fragte den Coachee: „Woher hast du dieses Wissen?"

„Ach, da muss ich etwas ausholen und über mein Leben sprechen", sagte er. „Ich war mehr als fünfzehn Jahre lang Direktor einer großen internationalen Hotelkette, die zu dem Imperium eines superreichen Mannes gehört. Eines Tages hatte ich das Glück, diesen Mann in seinem Hotel beherbergen zu dürfen.
Wir kamen ins Gespräch. Im Laufe des gemeinsam verbrachten Abends kamen wir auch auf die reichen Gäste zu sprechen, die hier Urlaub machten. Ich traute mich, folgende Frage zu stellen: ‚Ich bin beruflich seit über dreißig Jahren erfolgreich im Hotelmanagement, arbeite täglich zehn bis vierzehn Stunden und schaffe es nicht, mir für meine Alterszeit ein wenig Geld zur Seite zu legen. Ich sehe häufig die Reichen hier im Hotel sitzen, sich vergnügen und ihre Zeit damit verbringen, in der Sonne zu liegen. Für mich sieht es so aus, als würden diese Menschen im Gegensatz zu mir nicht arbeiten, und trotzdem kommt das Geld zu ihnen und nicht zu mir! Was mache ich nur verkehrt?'
‚Das kann ich Ihnen sagen', bekam ich zur Antwort. ‚Dieses Wissen hat mein Großvater an mich allein weitergegeben. Das Geheimnis ist schnell benannt: Diese Menschen, von denen Sie sprechen, denken richtig!'"

Denken Sie daran, dass Ihre Seele nach den vom Geist eingegebenen Informationen handelt. Sie kann gar nicht entgegen einer eingegebenen Vorstellung agieren. Ihr Erfolg, Ihr Glück, Ihre Gesundheit und Ihre finanzielle Situation hängen nicht nur von Ihrer Arbeit und anderen Aktivitäten ab, die Sie in Ihrem Leben vollbringen. Entscheidend ist Ihre Geisteshaltung.
Erfolgreiche und positive Vorstellungen führen sicher und leicht zu Erfolg und Glück im realen Leben. Gedanken an Unglück und Krankheit machen Sie selbst unglücklich und krank. Die Vorstellung von Armut oder Furcht bringt Ihnen Misserfolg und Sie verbleiben in Armut und Leid.

Psychologen haben in Tests nachgewiesen, dass wir Menschen in der Lage sind, mehr zu erreichen, als wir uns zutrauen. Viele tragen im Unterbewusstsein Gefühle von Unzulänglichkeit, Minderwertigkeit und Schuld mit sich. Diese sind unserem Geist unwissentlich durch die Eltern und andere Erwachsene aufgedrängt worden, die sich der negativen Auswirkungen ihres Tuns nicht bewusst waren. Jedoch bahnen sich die negativen Vorstellungen ihren Weg. Derartige Vorstellungen werden dann unser Leben lenken und uns zu Armut, Unzufriedenheit und Minderwertigkeitskomplexen verdammen.

„So, wie Sie sprechen, denken und fühlen, so ist Ihr Leben."
(Dr. Bieri)

Angst

Den Wunsch, alles stets in gleicher Form zu behalten, also nichts zu verändern, ist ein Trieb, der stark in unserem Inneren eingebunden ist. Das sichere Gefühl, das alles uns Bekannte uns beschert, schon seit unserer Jugend, ist fest in uns angelegt.
Diese Eigenschaft entwickelt unsere menschliche und emotionale Seite und ermöglicht uns, Hoffnung und Vertrauen aufzubauen. Die ständige Bereitstellung dieser gleichen Eigenschaften formt unsere Erinnerungen und im Allgemeinen auch unser Weltbild.
Je mehr wir an dem erreichten Bestand festhalten wollen, desto mehr entwickelt sich zunächst ein Unbehagen, dann die Angst vor Veränderung. Wir tendieren dazu, die Dinge so zu belassen, wie sie sind. Veränderungen sind für uns nichts Festes, nichts Greifbares, und sie werden von uns um jeden Preis vermieden. Wir empfinden Veränderungen als ungemütlich, sie machen uns besorgt.
Wir versuchen jede Veränderung im Voraus zu planen und setzen alles daran, Hindernisse zu schaffen, um Veränderungen, die nicht unbedingt nötig sind, nicht geschehen zu lassen. Im Grunde genommen sind wir gegen alles und somit auch gegen das Leben, welches sich ständig ändert. Es fließt und man kann es nicht aufhalten. Dieser soeben angesprochene Personenkreis kennt nur die Vorsicht, die Voraussicht und eine genaue Planung.

Wenn Sie sich hier wiedererkennen, dann sind Sie richtig und sollten unbedingt weiterlesen.

Schlagen Sie den für Sie richtigen Weg ein, und Sie werden erfahren, dass Sie sich von dieser beschriebenen Angst lösen können – für ein wohlhabendes Leben.

Unseren Lebensplan entdecken

Unser Verstand ist immer hellwach. Er meldet sich bei jeder Kleinigkeit, weiß immer alles besser und erzählt uns, was wir zu tun haben. Wir sind halt Verstands-Menschen.

Ganz anders verhält sich unsere Seele (Anima). Sie ist diese kleine, zurückhaltende Stimme in uns. Sie drängt sich nicht auf, und wenn wir ihr nicht zuhören, zieht sie sich ganz schnell zurück. Unser größtes Potenzial lassen wir somit verkümmern und wundern uns, wenn wir unseren Lebensweg nicht erkennen und unsere Bestimmung nicht leben können.

Auch wenn Sie ein Diplom abgeschlossen oder andere wichtige Ziele erreicht haben und ein erfolgreiches Leben als wichtige Persönlichkeit führen, sich alle materiellen Dinge leisten können, spüren Sie vielleicht doch gelegentlich eine Leere in sich und haben das Gefühl, dass Sie Ihren Lebensplan noch nicht erfüllt haben.
Ganz besonders intensiv spüren Sie dieses Gefühl von Leere, das Nicht-angekommen-Sein, in wichtigen Lebensphasen, so beispielsweise nach Erreichen einer lang ersehnten Vision oder einer wichtigen Position.
Etwas in uns sagt: „Du hast noch nicht alles erreicht, du kannst noch viel mehr. Du bist noch zu vielem fähig, das Wichtigste ist noch nicht getan."
Mal hören wir diese leise Stimme mehr und mal weniger intensiv, mal ist sie lange Zeit verschwunden, aber sie ist immer aktiv in unseren Gefühlen.
Nur zu oft, vielmals sehr spät, erinnern wir uns an unsere Seele, die uns sagt, dass wir unseren Lebensplan noch nicht erfüllt haben.

Es wird Zeit, dass wir uns dieser Stimme bewusst werden, sich ihr hinwenden und mit ihr in Kontakt treten.

Dies tun Sie, indem Sie dieser Stimme in Ihnen nachspüren. Nehmen Sie sich viel Zeit und bleiben Sie dabei. Sie werden erleben, wie diese Stimme immer deutlicher wird und wie Ihre Fragen beantwortet werden. Sprechen Sie mit Ihrer Seele und machen Sie ihr klar, dass Sie jetzt bereit sind, nach Ihrem Lebenszweck zu forschen.

Gewöhnen Sie sich an die Anwesenheit Ihrer Seele.

Treten Sie nahe an sie heran und haben Sie Geduld, bis die Seele Ihnen antwortet. Sie wird Ihnen die Antwort in Bildern auf Ihre innere Leinwand projizieren.

Es wird etwas Neues sein, ganz anders als alles, was Sie bisher erfahren haben. Sie werden Ihr Selbst erkennen und Sie spüren Potenziale, die Sie bisher nicht für möglich gehalten haben, die aber schon immer in Ihnen angelegt waren und die Sie jetzt nur noch entwickeln müssen.

Sie haben vielleicht schon immer Musik geliebt, spielen aber selbst kein Instrument und singen auch in keinem Chor. Und plötzlich spüren Sie Ihr musikalisches Potenzial. Möglicherweise fangen Sie an zu singen und melden sich bald im Kirchenchor an. Dort trainieren Sie Ihre Stimme und finden dabei Ihre Erfüllung.

Es gibt eine Reihe von Fähigkeiten, die in Ihnen angelegt sind und nur auf ihre Entdeckung warten. Ihre Seele kennt Ihre geheimsten Wünsche, die Sie in Ihrem Herzen bewahren, genau.

Auf einmal ist Ihr Leben ausgefüllt und Sie spüren, dass Sie auf Ihrem Lebensweg angekommen sind. Sie werden ruhig und gelassen. Sie fühlen sich glücklich.

Gehen Sie doch einmal diesen Weg und Sie werden staunen, welche Fähigkeiten in Ihnen heranreifen und Ihr Leben lebenswert machen.

„Nur der, der geht, kommt voran."
(Weisheit)

Unser geistiges inneres Potential

Die großen Denker der Antike haben die enorme Dimension des geistigen Individuums beschrieben und gelehrt. Religionen wie der Buddhismus, der Hinduismus, der Taoismus und viele spirituelle Traditionen verschaffen uns Wissen über unsere inneren Kräfte.
Unser Ökosystem sowie die fanatische Religiosität mit ihrer Intoleranz sind gefährlich für das Gleichgewicht der Gesellschaft. In der Moderne wird das Individuum durch ungebremsten Konsum zum Consumer.
Das beste Heilmittel, um diesen Gefahren zu entkommen, ist, sich auf sein inneres Leben zu konzentrieren und sich mit der universellen Kraft zu verbinden, die wir in allen Kulturen antreffen.
Die Menschheit soll sich dessen bewusst werden, dass alles Materielle nur Objekte sind und dass nur die Liebe und die Freiheit existenziell sind.

Die Philosophen der Antike lehrten, dass die Seele der Welt eine gütige und gebende Kraft ist, die die Harmonie in der Welt aufrechterhält.
Die Physik spricht heute von einer Materie und einer geheimnisvollen Energie, die einen Teil des Universums ausmacht. Die neue Physik, die Quantenphysik, bestätigt dies.
Seit Tausenden von Jahren entsteht ein neues Bewusstsein und die Menschheit entwickelt sich. Buddha und Jesus sprachen von tiefen Wahrheiten, die noch heute aktuell sind.
Bücher waren sehr teuer und nur wenige konnten lesen, so war das alte Wissen nur einer Elite zugänglich, die diese Macht für sich nutzte. (Und das ist heute noch so: 99 Prozent aller wirtschaftlichen Güter dieser Erde liegen den Händen von einem Prozent der Menschen, die auf ihr wohnen.)

Nur Menschen verstanden den wahren Gehalt dessen, was sie lasen, und sie konnten dieses Wissen umsetzen.

Unsere Erde hat uns zu dem gemacht, was wir heute sind. In ihrer Millionen Jahre dauernden Entstehungsgeschichte hat sie uns in unseren Instinkten, Reaktionen und Verhaltensweisen geprägt. Ganz am Anfang stand die Menschheit noch weit unten in der Ernährungskette. Da waren Instinkte, Reaktionen und Verhaltensweisen zum Überleben wichtig. Als wir uns dann zu Jägern entwickelten, war ein neues Verhalten notwendig.

Den heutigen modernen Menschen prägt die Erde wiederum ein neues Verhalten auf. Tritt deshalb die Menschheit heute, nach Tausenden bzw. Millionen von Jahren der Entwicklung, in ein neues Bewusstsein ein? Ist die Menschheit heute bereit, das alte Wissen der antiken Philosophen zu erlernen?
Durch unsere moderne Kommunikation kann dieses Wissen von jedem von uns abgerufen werden und bleibt nicht länger hermetisch verborgen.

Unsere Schulen sollten nicht nur unsere äußeren Fähigkeiten entwickeln, sondern vielmehr auf unsere inneren Kräfte schauen und diese Vorgehensweise an die jungen Menschen weitergeben.
Die Harmonisierung zwischen Körper, Geist und Seele (Anima) zu beherrschen und aus eigenen Mitteln herzustellen, sollte unter anderem Aufgabe der Schulen sein. Jeder Mensch sollte bereits in der frühesten Kindheit diese Fähigkeit erfahren und erlernen.

Gandhi wurde gefragt, wie er die Änderung der politischen Situation herbeiführte.

Seiner Meinung nach ist das einzige und beste Vorgehen, um die Welt zu verbessern, die innere Umwandlung.

„Sei du die Änderung, die du in der Welt sehen möchtest!"

Es werden dann immer mehr Menschen diesem Weg folgen und eine Änderung herbeiführen.

Dieses Buch stellt Ihnen einige Strategien vor, wie Sie mit wenig Aufwand, aber mit einer neuen mentalen Einstellung Ihre innere Sicht der Dinge verändern können. Egal was Sie auch tun, die neue innere Überzeugung führt unweigerlich zur Veränderung und zeigt sich in ihrer äußeren Welt.

Wie Gandhi es uns gezeigt hat, braucht man keine Kriege oder Revolutionen anzuzetteln, um Veränderungen zu erreichen. Diese Art der Veränderung wäre viel zu komplex und zu aufwendig und würde voraussichtlich auch noch zu ungewollten Resultaten führen.

*„Die größte Entdeckung meiner Generation ist die,
dass der Mensch nur durch die Änderung seiner inneren
Einstellung sein Leben ändern kann."*
(William James)

Denken

Im frühen 20. Jahrhundert bewies Albert Einstein, dass geistige Energie und Materie im Grunde genommen austauschbar seien. Die Energie kann in eine stoffliche Substanz umgewandelt werden. Das passiert ständig, ob wir es bewusst wahrnehmen oder nicht. Die elektrischen Ströme Ihres Gehirns sind eine Form schöpferischer Energie. Diese Energie besitzt die Kraft, in der äußeren Welt der Materie das zu erschaffen, was der inneren Welt unseres Geistes entspricht (das hermetische Prinzip der Entsprechung).

Unsere Kraft der Gedanken hat Einfluss auf alles, was Energie ist. Wir können somit unsere Zukunft formen. Nicht nur die Gesundheit können wir durch Anima steuern, sondern auch unser Glück, den Erfolg und unsere finanzielle Situation. Alle Impulse, die wir geistig geben, werden von unserer Seele auf die Materie entsprechend übertragen.

Jetzt wird es Zeit, sich einmal zu fragen, warum Ihr Leben so ist, wie es ist, und nicht anders. Warum gleicht möglicherweise Ihre Existenz einem Kampf? Warum müssen Erfolg und Reichtum und nicht nur unsere Gesundheit ein Problem sein?

Nun, ich möchte es Ihnen sagen: Weil Sie so denken, auch wenn es Ihnen wahrscheinlich gar nicht bewusst ist.

Glauben Sie mir, das ist der einzige Grund!

Teil II – Veränderungen

*„Egal was du auch tust,
die innere Überzeugung wird es herbeiführen
und in der Welt sichtbar machen."*

Lebensqualität oder Lebensstandard

Es war beim Durchblättern alter Bücher, dass mir Seneca in die Hände fiel und mich auf ein immer noch aktuelles Thema aufmerksam machte, welches er schon vor über zweitausend Jahren seinen Schülern ans Herz legte:

„Es ist nicht wichtig, lange, sondern genug gelebt zu haben!"

Der Wert eines Lebens wird nicht in Jahren gemessen, sondern in guten Gedanken, im Vergnügen, im Genuss, in der Erfüllung. Es lässt sich nicht von außen messen, sondern nur von innen, nur von uns selbst.
Für die Qualität des Lebens sind nicht die Umstände auschlaggebend, sondern das, was wir daraus machen. Lebensqualität ist subjektiv, sie ist eine Frage des eigenen Empfindens. Nur wir selbst können das für uns entscheiden.
Lebensqualität entfaltet sich auch unter widrigen Umständen, solange wir wissen, was wir wollen. Kurz gesagt, solange wir ein selbstbestimmtes Leben führen.

Mit meinem ersten Auto, einem VW Käfer Cabrio, erhöhte sich mein Lebensstandard vom Fußgänger zum Automobilisten. Das Faltdach zu öffnen war stets eine Wurstelei. Die Heizung war ein Drehventil – es gab nur zwei Zustände: „heiß" oder „kalt". Eine Benzinanzeige war nicht vorhanden, beim Ruckeln hieß es schnell auf Reservetank umschalten. Die Beschleuni-

gung war zum Einschlafen und ob die Lichter bei Nacht wirklich eingeschaltet waren oder nicht, musste man raten.
Jedoch erhöhte sich mein Bewegungsradius und ohne Probleme durchquerte ich Deutschland und das angrenzende Ausland.

Der heutige Schritt zum New Beatle ist kein Aufstieg, sondern nur ein Beibehalten dessen, was ich mit meinem Buckelporsche zuvor erreicht habe. Auch wenn die moderne Ausstattung darüber hinwegtäuschen mag – automatische Dachöffnung, Klimaanlage, Xenonlicht, Reiserechner und Beschleunigung ohne Ende.

Wir Menschen versuchen die Modernisierung als Aufwertung der Lebensqualität zu sehen. Bequemlichkeit sehen wir als Fortschritt und Verbesserung, doch tatsächlich ist seit den 1960er Jahren nichts wirklich Neues dazugekommen. Die Frage stellt sich also: „Brauche ich das alles?" Oder anders gefragt: „Will ich das wirklich?"

Natürlich darf man sich mehr gönnen, wenn man dann im Berufsleben jährlich hundert- oder zweihunderttausend Kilometer fährt und ein Getriebener seines Jobs ist. Als gehetzter Unternehmer, der nicht mehr Herr seiner Zeit ist und jetzt im neusten Edelmodell sitzt und mit der allerneusten Technik ausgestattet von einem Termin zum anderen düst.

Mit einem gesunden Menschenverstand betrachtet findet sich die Qualität des Lebens doch nur bei dem, der noch Herr seiner Zeit ist. Das war bei mir trotz aller Unbequemlichkeiten in meinem Buckelporsche der Fall. Es war Lebensqualität, wenn ich mich dem warmen Wind des Sommers aussetzte oder wenn ich anhielt, wann immer es schön war. Sie sehen, Lebensqualität hängt nicht davon ab, ob wir einen Buckelporsche fahren oder eine Edelkarosse. Nach Obermoos in die Berge schafft es auch das billigste Modell.

Ich predige hier keine Askese, ich möchte, dass Sie genießen, und zwar mit all Ihren Sinnen.

Jedoch sollten Sie Ihre Bedürfnisse erkennen und auch stillen, denn Lebensqualität hängt nicht am Besitz, sondern an der Erkenntnis Ihrer Bedürfnisse, die Sie in der Lage sind zu bedienen.

„Lebensqualität ist, ein selbstbestimmtes Leben zu führen!"

Die Frage nach der Lebensqualität wird selten gestellt, zumeist wird vom Lebensstandard gesprochen. Diesen erlangt man oft nur auf Kosten der Lebensqualität.

Zurück zu Seneca, der uns lehrt, das Leben in vollen Zügen zu leben, und uns anhält, unsere Berufung auf dieser Erde zu erkennen.

Um hier den angemessenen Maßstab zu erkennen, geht man in sich und kommt nach reiflicher innerer Arbeit zu der Erkenntnis, was man in seinem Leben erreichen möchte und welche Prioritäten zur Lebensqualität definiert werden. Ist für den einen eine Zwanzig-Stunden-Arbeitswoche in einem ungeliebten Beruf eine Plage, so können für den anderen achtzig Wochenstunden zur puren Lust werden, wenn man sie als Berufung empfindet.

Allein diese Erkenntnis wird uns zu einer Neu-Einschätzung und somit zu einer Veränderung unseres Lebens führen.

„Viele Menschen wissen, dass sie unglücklich sind.
Aber noch mehr Menschen wissen nicht,

dass sie glücklich sind."
(unbekannter Autor)

Das Erkennen

Wir werden in unserem Schulsystem lösungsorientiert erzogen, das heißt, als Erstes denken wir, wenn wir mit einem Problem konfrontiert sind, über die Lösung nach. In dieser Denkweise verlieren wir uns ganz schnell und kommen zu keinem Ergebnis.
Ich schlage Ihnen vor, Ihre Problematik einmal ganz anders anzugehen und „neu" zu denken.

Einstein, der viele neue Prinzipien und Gesetze formulierte, meint dazu:

„Das Problem zu erkennen ist wichtiger als die Lösung, denn die genaue Darstellung des Problems führt zur Lösung."

Wenn Sie nicht vorankommen und sich in einer ewigen Denkspirale bewegen, sage ich Ihnen als Ihr Coach: Sie möchten Ihre Probleme gar nicht näher betrachten, geschweige denn diese erkennen. Sie haben Ihre festgefahrenen Ideen, verbleiben in ausgetretenen Trampelpfaden und wundern sich, dass Sie nicht über Ihren Tellerrand blicken können.

Es gibt Tausende von Büchern, die Ihnen Ratschläge geben und fertige Lösungswege präsentieren. Das kann nicht gut gehen, denn wir wissen jetzt, dass das Erkennen des Problems zur Lösung führt. Sie werden Ihren Geist zum eigenen Denken verleiten, und wenn das dann geschieht, werden Sie auch zu einem Resultat kommen. Rat von außen anzunehmen und dabei auf eine Veränderung zu hoffen, ist reine Zeitverschwendung.

Ich möchte Ihnen das verdeutlichen. Stellen Sie sich Folgendes vor: Nach dem alljährlichen Gesundheitscheck eröffnet

Ihnen Ihr Hausarzt, dass Ihre Blutwerte nicht in Ordnung sind. Unter anderem ist Ihr Cholesterinwert zu hoch. „Ich verschreibe Ihnen ein Medikament, das den Wert reduziert." Ein lösungsorientiertes medizinisches Denken, das zur gewünschten Lösung führt.

Oder?

Hier sind Sie gefragt!

Es ist wichtig zu erkennen, warum etwas nicht in Ordnung ist. In dem genannten Fall geht es darum, das Essverhalten zu überprüfen und zu erkennen, wo das Problem liegt, denn wenn wir es in seinem vollen Umfang darstellen, führt dies zur Lösung. Wir werden dann eben nicht täglich ein Schweineschnitzel essen und außerdem den Kuchen am Nachmittag weglassen. Dieses Verhalten führt zur Lösung.

Wollen wir in unserem Leben etwas verändern, dann legen wir am besten unsere Karten auf den Tisch und erkennen: Wir Menschen haben es gelernt, uns durch Anpassung und durch Verzicht an Eigenliebe allen möglichen Lebenslagen und vielen verschiedenen Umgebungen anzupassen. Oft überhören wir diese innere, leise Stimme und übertönen die Wünsche unserer Seele und unseres Geistes mit allen möglichen Aktivitäten. Wir nötigen Anima zum Schweigen.

Uns von unserem eigentlichen Leben abzulenken, ist ein Milliarden-Business geworden. Wir haben uns die finanziellen Mittel dazu mit viel Arbeit erschaffen und erfreuen uns unserer Freiheit und der Möglichkeiten, unser Leben nach unseren Wünschen zu gestalten. Wir haben Freiheit gewonnen, bezahlen diese aber mit neuen Verpflichtungen. Dies geht so lange gut, bis wir eines Tages nur noch aus Verpflichtungen bestehen und unsere Kredite mit noch mehr Arbeit bezahlen. Viele

Kinder werden in der heutigen Zeit allein groß und erleben das Leben mit elektronischem Spielzeug und anderen bequemen Freizeitaktivitäten zumeist passiv. Wenn dann der Anreiz, etwas aus ihrem Leben zu machen, nicht mehr ausreicht, stehen diese jungen Menschen verloren da.

Wir haben uns eine wohlig-warme Komfortzone eingerichtet. Und irgendwann kommt für jeden von uns und hoffentlich früh genug der Moment des Erkennens und des Einlenkens, die Rückbesinnung auf das eigentliche Leben und die bittere Erkenntnis, am Leben vorbeigerauscht zu sein.

Jetzt kommt vielleicht auch für Sie der Moment des Erkennens. Wie lange noch wollen Sie Ihr einziges Leben in die Macht von Organisationen und weltweit operierenden Unternehmen legen, die ständig versuchen, Sie zu kontrollieren, zu dominieren, Ihr Leben zu beeinflussen und Ihr Weltbild so zu verzerren, wie es nachfolgende Statistik zum Ausdruck bringt?

Eine Befragung der deutschen Bevölkerung zeigt uns ganz klar, wie weit wir von der Realität entfernt sind. Befragt wurden alle Wahlberechtigten, und zwar am 6. und 7. Januar 2014. Hier ist das Ergebnis:

- 79 Prozent der Befragten bewerteten die wirtschaftliche Lage in Deutschland als gut bis sehr gut.
- 74 Prozent der Befragten bewerteten ihre persönliche wirtschaftliche Lage als gut bis sehr gut.

Und wie sieht die Realität aus?

Alle Angaben vergleichen den heutigen Wert mit dem zu Zeiten des Zweiten Weltkriegs:

- Deutschland war noch nie so hoch verschuldet.
- Das Einkommen der Menschen in diesem Land war im Vergleich zu den Lebenskosten noch nie so niedrig.
- Die Kosten für Lebensmittel, Wohnungsmiete und Energie waren noch nie so hoch.
- Es gab noch nie so viele Arme und Bedürftige.
- Die Steuerlast war nie zuvor so hoch. Der deutsche Steuerzahler musste noch nie so hoch für die Schulden anderer Länder haften.
- Die Rentenversicherung hatte noch nie so ein hohes Defizit.
- Die Gefahr für die Menschen, ihren Spargroschen zu verlieren, war noch nie so groß.
- Es gab noch nie so viel Überwachung und Bespitzelung.
- Der Polizeistaat war nie zuvor so ausgeprägt.

Erkennen Sie, dass Sie nie das selbstbestimmte Leben gelebt haben, das möglich gewesen wäre?

Erkennen Sie, dass Ihr Weltbild täglich manipuliert wird?

Allein diese Erkenntnis wird Sie zu Ihrer individuellen Veränderung führen.

> *„Wer nicht A sagt, der muss nicht B sagen.*
> *Er kann auch erkennen, dass A falsch war."*
> (Weisheit)

Loslassen

Reflektieren Sie doch bitte ein paar Minuten lang folgende Aussagen:

*„Nur in einem ruhigen See
kann sich die Helligkeit der Sterne spiegeln."*
(Buddhistische Weisheit)

*„Wenn man still sitzt und nichts tut,
kommt der Frühling und das Gras wächst von selbst."*

Nichts bleibt so, wie es ist. Es muss so sein, sonst gäbe es kein Leben auf dieser Erde und keine Evolution.

Wenn wir den Wandel dem Leben gleichstellen, dann müssen wir loslassen, um etwas Neues zu bekommen. Dann können wir in Ruhe und ohne großes Leid ein glückliches und wohlhabendes Leben führen. Unser Festhalten ist nicht vergeblich, es beschert uns genau den Schmerz, den wir um jeden Preis vermeiden wollen.

„Da es nichts zum Festhalten gibt, muss man loslassen."

Jedem von uns ergeht es in manchen Situationen so, dass wir irgendetwas unbedingt wollen. Wir sind geradezu begierig danach. Wir erreichen es nicht und denken, dass wir es auch in Zukunft nicht tun. Also geben wir auf. Und kurze Zeit später stellt sich prompt das Gewünschte ein.

Was ist passiert?

Sie haben losgelassen!

Wir müssen uns nicht quälen und schinden, um unser Leben zu leben. Wir sollten Vertrauen aufbauen und auch mal zurücktreten und dem Leben die Möglichkeit geben, sich zu gestalten. Wir müssen nicht immer meinen, dass wir alles mit unserem Verstand und einem eisernen Willen dominieren können.

Es fällt uns so schwer, uns einzugestehen, dass wir uns das Leben leichter machen sollten. Es geht nicht darum, unserer falschen Konditionierung nachzugeben, sondern uns einzugestehen und es zuzulassen, auch einmal anders zu denken und zu handeln.

Vertrauen Sie auf Ihr Leben, und wenn es nicht so läuft, wie Sie es sich wünschen, dann schauen Sie bei sich selbst nach und machen nicht äußere Umstände und fremde Mächte dafür verantwortlich. Vielleicht wollen Sie gerade etwas mit Ihrem Willen durchsetzen und quälen sich damit, etwas zu erreichen, was ohne Mühe erreichbar wäre, wenn Sie einfach nur anders denken, loslassen und Ihr Leben seinen Lebensplan entwickeln lassen.

Bitte bedenken Sie: Die Natur kennt nur die Fülle. Als einziges Lebewesen auf diesem Planeten hat es der Mensch geschafft, in Not und Mangel zu leben.

Vertrauen Sie Ihrem Leben!
Lehnen Sie sich zurück und lassen Sie los!

Konfuzius meint dazu:

*„Ein Grashalm wächst auch nicht schneller,
wenn man daran zieht."*

Haben Sie über die beiden Aussagen zu Beginn dieses Kapitels nachgedacht? – Sind Sie weitergekommen?
Wahrscheinlich haben Ihre vielen Gedanken und Verpflichtungen Sie vom Nachdenken abgehalten.

Machen wir jetzt mal gleich folgende Übung, um zu uns zu kommen, uns selbst zu finden:

Beobachten Sie Ihre Gedanken. Nur beobachten. Bleiben Sie absolut neutral und intervenieren Sie nicht. Denken Sie Ihre Gedanken nicht. Schauen Sie nur zu, wie diese kommen und wieder gehen.

Beobachten Sie Ihre Gedanken ganz intensiv!

Dies tun Sie jetzt zwei Minuten lang.

Sie als Leser bitte ich, nicht weiterzulesen, bevor Sie nicht diese Übung gemacht haben. Danach machen wir gleich weiter.

Was ist in Ihnen vorgegangen?

Sie haben bestimmt bemerkt, dass Ihre Gedanken sich verlangsamt haben. Dass Sie auf einmal allein mit Ihrem „Selbst" waren.

Bravo!

Sie haben Ihr Selbst gefunden. Haben Sie auch bemerkt, dass Sie jetzt viel ruhiger und gelassener geworden sind?

In Ihnen kehrt Ruhe, Glück und Wohlbefinden ein.

Nichts bleibt so, wie es ist. Es muss so sein, sonst gäbe es kein Leben und keine Evolution auf dieser Erde.

Wir haben Angst, loszulassen. Wir haben Angst, wirklich frei zu leben. Loslassen lernen heißt, frei zu leben. Wir meinen, unser Leben nur mit unserem Verstand regeln und organisieren zu können. Loslassen und erkennen, dass das Leben aus Veränderungen besteht und dass wir es auf das Vertrauen stützen sollen, das ist wahres Leben und erfüllt uns mit Freude und Glück.
Verstehen, wie das Leben wirklich abläuft. Vertrauen ins Leben zeigen, wo Veränderungen zum Leben gehören, damit kann ich Veränderungen geschehen lassen.

„Nur durch Loslassen können
die gewünschten Veränderungen geschehen."

Mit diesem neuen Denken kann sich das Leben frei entfalten, so wie es in unserem Lebensplan vorgesehen ist, ohne durch unseren Willen blockiert zu werden.

Die Fülle des Lebens, ein Naturgesetz, kann sich einstellen und sich zur schönsten Blüte entwickeln.

„Jede Blüte wird zur Frucht."
(Weisheit)

Das hermetische Prinzip der Resonanz

Die Hermetiker kannten es schon im alten Ägypten vor über fünftausend Jahren. Dieses Prinzip der Gleichschwingung und das Wissen darum wurden von allen mächtigen Organisationen und den herrschenden Schichten hermetisch verschlossen gehalten. Nur die Mächtigen dieser Welt verfügten über das Wissen. Sie stabilisierten damit ihre Macht, beeinflussten die Verteilung der wirtschaftlichen Güter dieser Erde und konnten somit die Menschheit beherrschen.
Selbst in unserer modernen Zeit wird dieses Wissen geheim gehalten, um die Macht von Organisationen, Unternehmen, Gemeinden und Staaten zu zementieren.

Jeder Körper, auch der Ihrige, und jeder Organismus ist ein Resonanzkörper für Signale aus den Feldern, die er moduliert. Resonanz ist ein Maß für die Gleichschwingung von Wellen zwischen Feldern.
Der Resonanzkörper einer Geige, einer Gitarre, einer Harfe klingt wegen der Saiten, die eine Schwingung anregen.
Menschen, die in ihrer Schwingung angesprochen werden, reagieren wie Resonanzkörper. Der Resonanzkörper eines Menschen bildet ein Feld, das bei Gleichschwingung ausstrahlt und anzieht. All diese wissenschaftlichen Fakten erklären uns heute, warum uns Organisationen und große Unternehmen so stark beherrschen können.
Je mehr Gedankenschwingungen gleichgesinnter Menschen sich zu einem Feld vereinigen, desto kraftvoller sind die Wechselwirkungen zwischen dem elektromagnetischen Feld, das beispielsweise ein Unternehmen umgibt, und der organischen oder der anorganischen Welt.
Kohärenz (die Gleichschwingung der Wellen, die wir aussenden), ist ein Maß für die Kraft, mit der wir das Feld, das alles trägt, mitgestalten.

Kohärenz in Ihrem Leben beeinflussen Sie allein und jeder Mensch ist für sein Leben selbst verantwortlich. Jeder Gedanke, jedes Gefühl, als elektromagnetische Impulse herangereift, steckt Sie an.
Nun kennen Sie das Geheimnis. Mit diesem Wissen können Sie Veränderungen in Ihrem Leben erzeugen, allein aufgrund der Tatsache, dass Sie Ihre Gedanken und Gefühle ändern.

Im öffentlichen Leben gibt es Menschen, von denen wir erfahren, dass sie bereits häufiger ihren Lebenspartner gewechselt haben. Dies kann sich weiterhin wiederholen, und zwar so lange, bis diese Person dem Prinzip Rechnung trägt und daraus lernen will.

Andere Menschen verlassen ihren tristen Alltag, indem sie sich eine neue Umgebung suchen und ein neues Leben beginnen. Schnell stellen sich wieder die bereits bekannten Probleme ein.
Was glauben Sie, wie es Ihnen geht, wenn Sie in eine fremde Umgebung kommen. Solange Sie an Ihrem Feld und an Ihrer Kohärenz festhalten, werden Sie von der neuen Umgebung nicht aufgenommen. Erst wenn Sie durch bisher unbekannte Felder angezogen werden und Ihre alten Energien (Gefühle und Gedanken) verlassen, werden Sie von der neuen Umgebung und den darin lebenden Menschen aufgenommen und integriert.

„Anima III – Veränderung durch neues Denken" lautet der Titel dieses Buches. Hier haben Sie ein kraftvolles Prinzip. Folgen Sie der Gesetzmäßigkeit, und alles wird so, wie Sie es sich wünschen. Vergessen Sie dabei nicht, ganz besonders auf Ihre Gefühle zu achten.

Mit Gefühlen zum Durchbruch

In „Anima II – die Übungen" haben Sie bereits gelernt, dass zu jeder Vision und zu jedem Gedanken das entsprechende Gefühl gehört. Gedanken und Visionen sind ohne Gefühle nutzlos. Was seit Tausenden von Jahren in der mentalen Arbeit gelehrt wird, bestätigt uns heute die Wissenschaft. Diese Erkenntnis trägt nicht dazu bei, dass alles viel einfacher und schneller geht, aber viele Menschen finden auf der Verstands-Ebene ihren Frieden und akzeptieren leichter, was uns die Wissenschaft lehrt.

Die Quantenphysik hat es gezeigt. Die beiden Wissenschaftler Dr. Gerald Hüther (Neurologie) und Dr. rer. nat. Ulrich Warnke sind der Frage nachgegangen, welche Prozesse im Gehirn angestoßen werden müssen, damit sich gesellschaftliche und individuelle Lebenswirklichkeiten verändern.

Wie komme ich zu neuem Denken?

Bewusstsein und Unterbewusstsein spielen dabei eine große Rolle. Die neuen neurologischen Erkenntnisse basieren darauf, dass Gefühle im Gehirn Botenstoffe auslösen, die wir benötigen, um neue neurologische Nervenbahnen und die Vernetzung von neuen Synapsen aufzubauen. Damit können wir es schaffen, neues Denken einzuleiten und unsere bisherige Lebenswirklichkeit zu ändern.

Eine ungezügelte Begeisterung für ein neues Vorhaben ist für dessen Realisierung unabdingbar. Mit Begeisterung und dem Einsatz der richtigen Gefühle wird Undenkbares denkbar gemacht und sich somit realisieren. Die neuen neurologischen Verbindungen, die wir durch unsere Gefühle aufbauen, führen uns zu nie geahnten Möglichkeiten.

Anfangs erscheinen uns neue Visionen oft als nicht durchführbar. Bleiben wir aber mit ungebremstem Einsatz am Ball und setzen täglich unsere Vorfreude, Glück und Überzeugung in den Prozess mit ein, erleben wir, wie sich Wege öffnen und Ereignisse uns den Weg zu unserem Ziel ebnen.
Jedem von uns ist es schon passiert, das wir einen eingeschlagenen Weg nicht zu Ende gegangen sind und ihn verlassen haben. Und dann hieß es: „Auf diesem Weg war ich nicht mit meinem Herzen und den richtigen Gefühlen bei der Sache. Ich habe einfach nicht mehr gespürt, wo es langgehen sollte."

Spüren Sie noch Ihren Lebensweg, den Sie einmal eingeschlagen haben und den Sie mit starkem Willen und viel Geduld gehen? Sind Ihre Gefühle noch tief in Ihnen spürbar? Fühlen Sie noch den unbändigen Drang, Ihre Vision erfolgreich zu erleben?
Wenn dem so ist, dann bleiben Sie am Ball, halten Sie Ihre Gefühle aufrecht. Und Sie werden sehen, dass sich Ihre Visionen erfüllen werden.

Systemische Veränderungen

Wir können der Tatsache nicht ausweichen, dass jede einzelne unserer Handlungen ihre Auswirkung auf das große Ganze hat.

Systemisch betrachtet sind Sie auch ein Teil des Problems. Wenn Sie ein Problem nicht lösen können, wenn Sie in der Problematik zu versinken drohen und alle Ihnen bekannten Maßnahmen nichts genützt haben, gibt es eine geniale Lösungstechnik, und zwar:

„Verändere deine Betrachtungsweise auf das Problem und das Problem verändert sich von selbst."

Quälen Sie sich nicht mit allen Details des Problems. Analysieren Sie es neu und konzentrieren Sie sich darauf. Bald zeigen sich erste Veränderungen an Ihrem Problem. Heißen Sie auch die kleinsten täglichen Veränderungen willkommen und feiern Sie diese als Erfolg. Freuen Sie sich schon heute auf weitere Veränderungen, denn Vorfreude erzeugt eine enorme Welle der Veränderung. Bald wird sich das Problem aus Ihrem Blickwinkel heraus vollkommen verändert haben, wahrscheinlich hat es sich sogar aufgelöst.
Vermeiden Sie weitere Analysen, Nachdenken und Schlussfolgerungen. Bleiben Sie konzentriert auf die Veränderungen und freuen Sie sich, dass Sie mit Ihrem neuen Denken das Problem verändert haben.
Sie werden bald erleben, dass die bereits eingetretenen Veränderungen eine neue Einstellung bewirken. Diese verstärkt Ihr neues Denken, das wiederum eine Veränderung Ihres Lebens bewirkt. Haben Sie Vertrauen und Geduld und überlassen Sie die Arbeit dem System.

Wenn Sie die Veränderung verstärken möchten, dann ändern Sie noch eine zweite Ansicht auf das betreffende Problem. Ohne dass Sie Ihrerseits etwas Weiteres dazu beitragen, erleben Sie, wie das Gesamtsystem reagiert und sich aufgrund Ihrer neuen Ansichten Ihr Problem verändert oder sich bereits aufgelöst hat.

Aus der Reihe tanzen

*„Sobald du merkst, dass du dich im Kreise drehst,
ist es an der Zeit, aus der Reihe zu tanzen."*
(Weisheit)

Wie tief sind wir durch unsere Erziehung und durch unsere Umwelt geprägt, dass wir auf gar keinen Fall „aus der Reihe tanzen" dürfen. Immer schön in der Herde bleiben und im Gleichschritt gehen, weil sonst der Wachhund kommt und uns schmerzvoll in Reih und Glied zurückzwingt.

Möchten Sie das Leben, das Ihnen geschenkt wurde, irgendwelchen Konventionen und Richtlinien unterordnen und Ihre wertvolle Lebenszeit fremden Mächten anbieten? Möchten Sie auf ein selbstbestimmtes Leben verzichten in der Erwartung von Glückseligkeit?

Aus der Reihe tanzen heißt, mutig zu sein und diesem Herdenleben Lebewohl zu sagen. Sie werden erleben, wie das Leben Sie mit einem riesigen Hallo empfängt.

Tanzen Sie einfach mal aus der Reihe und erlernen Sie eine neue Fähigkeit. Etwas Besonderes, das Ihrer gesamten Aufmerksamkeit bedarf, etwas, das Sie sich bislang nicht hätten träumen lassen. Erleben Sie neue Sensationen und sagen Sie Ja zum Leben!
Erwarten Sie keine Ratschläge von mir, denn die brauchen Sie nicht.
In unserer modernen Welt gibt es nichts, was man nicht kaufen könnte. Folgen Sie nicht Ihrem Verstand, sondern befragen Sie Ihre Seele und Ihr Herz, welches tief in Ihrem Inneren ausreichend von Ihren heimlichen Wünschen gespeichert hat.

Hören Sie nicht auf die Meinung anderer, sondern folgen Sie Ihrem Herzen. Es weiß genau, was gut für Sie ist. Vertrauen Sie dem, was Ihnen präsentiert wird.
Sie werden mit Hingabe selbst zu der Veränderung werden. Sie werden erleben, wie diese Veränderung Ihr Leben neu gestaltet. Nur Sie allein sind dazu fähig.

Glückseligkeit kommt nicht durch das Bewahren und Festhalten an Bekanntem und Erreichtem, sondern durch eine ständige Veränderung.

„Willst du ständig glücklich leben,
dann must du dich stets verändern."
(Konfuzius)

Durch größeren Nutzen zur Veränderung

Man ist ja eigentlich recht zufrieden mit seinem Job. Er bringt gutes Geld und man hat sich in den vielen Jahren sein Umfeld so geschaffen, dass man zufrieden sein könnte. Aber es steht die Frage im Raum, die man sich immer wieder stellt: „Und dafür hast du zehn Jahre lang studiert? Du kannst doch bestimmt noch viel mehr erreichen!"

Der geistige Abschied vom Job geschieht über Jahre hinweg, ohne dass man selbst eine klare Veränderung herbeiführen könnte. Es gibt Statistiken, die besagen, dass sich in fast allen Unternehmen fast jeder fünfte Mitarbeiter bereits geistig von seinem Job getrennt hat. Man kassiert einfach jeden Monat nur noch sein Gehalt.
Davon kann jeder Coach ein Lied singen, und es gehört zu seinem Job, diese Menschen zu einer klaren Veränderung zu begleiten, indem er gemeinsam mit ihnen der Frage nachgeht, welcher größere Nutzen sich aus dem Job ziehen lässt.

Unser emotionales Gehirn stimmt erst dann einer Veränderung zu, wenn diese aus der Veränderung einen größeren Nutzen ziehen kann. Analysiert man nun das Netz aus Machtstrukturen, Abhängigkeiten und Hierarchien, ergibt sich schnell und wie von selbst eine Veränderung.
Wie auch immer diese ausfällt, können wir wieder mit klarem Kopf und gutem Gewissen zu uns stehen und ein befriedigendes Leben führen.

Veränderung herbeiführen, weil es einen größeren Nutzen verspricht, da macht unser limbisches System mit und ist uns ein starker Partner.

Es ist daher wichtig, nicht gegen unsere Programmierung zu arbeiten. Vielmehr sollten wir unser Verhalten so einsetzen, dass wir daraus einen größeren Nutzen ziehen können.

„Willst du ständig ein glückliches Leben führen,
muss du dich stets verändern."
(Konfuzius)

Veränderungen sollten wir als Chance auffassen, um uns neu behaupten zu können.

Veränderungen zu bewältigen heißt, Vertrauen in uns selbst aufzubauen und aufgrund dessen stark zu werden. Sich neu zu finden und alles in Frage zu stellen ist oft wie eine Wiedergeburt, ein neuer Lebensabschnitt.

Nein

„Nein, nein, nein, ich mag meine Suppe nicht!" Das kennen wir alle, aber das meine ich nicht mit „Nein". Auch meine ich nicht die Nein-Sager in den Staaten, den Organisationen und den Zusammenkünften, die nur ihre eigenen egoistischen Ziele vorantreiben.
Es geht um ein wohl überlegtes Nein, das zur richtigen Zeit klar und deutlich ausgesprochen wird. Ein Nein, mit dem wir anderen die Möglichkeit geben, die Lage zu überdenken. Wobei uns bewusst ist, dass dieses Nein zu einer Veränderung führt und uns verpflichtet, neu über bestehende Bündnisse und Vereinbarungen nachzudenken.
Mit einem Nein eine Veränderung und ein neues Denken einzuleiten, bedeutet Verantwortung zu übernehmen, eingerichtete Komfortzonen zu verlassen und Neuland zu betreten.

Ungezügelter Konsum, verantwortungslose Verschwendung – das sind Merkmale unserer heutigen Zeit. Ein Nein kann als Regulator in der Erziehung wohl eingesetzt werden.

Erntet man ein Nein, ist das nicht als Strafe anzusehen, sondern kann als Chance zur Neuausrichtung interpretiert oder als Anstoß verstanden werden, Bestehendes zu beenden oder zu überdenken.
Ein Nein bedeutet also nicht Trotz und Zerstörung, sondern es ist eine Aufforderung dafür, ein neues Denken einzuleiten.

„Die Fähigkeit, das Wort Nein auszusprechen,
ist der erste Schritt zur Freiheit."
(Nicholas Chamfort)

Absolutes Annehmen

Das Leben umarmen, gerade so, wie es sich präsentiert. Keine Spur von Resignation und von Passivität. Das uneingeschränkte Annehmen einer Realität ist der erste Schritt zur Veränderung.

„Was auch geschieht, es geschieht!"

Das Leben akzeptieren, gerade so, wie es geschieht, es nicht nur annehmen, sondern vollkommen umarmen. Nicht nur annehmen, sondern sich ganz hingeben – nicht nur dem Moment, sondern auch dem Lebenszyklus mit all seinen Höhen und Tiefen.

Ein resigniertes Annehmen ist im Grunde genommen kein wirkliches Annehmen. Hier handelt es sich um ein radikales Ja zu dem, was uns das Leben präsentiert.

„Was geschieht, das geschieht." Im Taoismus heißt das „Wu-Wie". Der spirituelle Lehrer Eckhart Tolle spricht von der Gelassenheit. Er lehrt drei Arten des Herangehens, und zwar das Annehmen, die Freude und den Enthusiasmus.
Aus der fernöstlichen Tradition kennen wir das Ying und Yang. Seit Tausenden von Jahren lehren uns die weisen Männer, dass das uneingeschränkte Annehmen des Lebens der erste Schritt zur Veränderung ist. Das Annehmen des Unannehmbaren ist die größte Quelle der Glückseligkeit, die wir in dieser Welt haben. Wenn wir es annehmen können, sind wir in voller Harmonie mit uns selbst. Dank unserer Anteilnahme bezüglich Problemen präsentiert sich die Realität so, wie sich der Moment zeigt, und unser inneres Gefühl zeigt sich im Äußeren. Die Veränderung läuft in vollem Gange. Sind wir eins mit uns selbst, zeigt sich unsere Realität dementsprechend in Harmo-

nie mit der Gegenwart. Wirken wir dagegen an, bringt es uns nur Kampf, Leid und Unglück.

Die folgende Geschichte aus der chinesischen Kultur ist mehr als zweitausend Jahre alt. Sie zeigt uns aber noch einmal, welche Haltung wir einnehmen sollten.

Es war einmal ein Farmer, der eine wunderschöne Stute besaß. Eines Tages verschwand das Tier.
Die Nachbarn versuchten den Farmer zu trösten und sprachen: Was für eine schreckliche Strafe, es ist furchtbar!"
Der Farmer antwortete ganz ruhig: Was geschieht, das geschieht."

Ein paar Tage später kam die Stute zurück und brachte zwei Wildpferde mit. Die Nachbarn beglückwünschten den Farmer und sprachen: „Prima, was bist du doch für ein Glückspilz!"
Und wieder antwortete der Farmer mit ruhigem Ton: „Was geschieht, das geschieht."

Einige Tage später stürzte der Sohn des Farmers beim Einreiten der Wildpferde und brach sich ein Bein.
Einmal mehr kamen die Nachbarn zum Farmer und sprachen: „Du armer Mann! Wer wird jetzt all die Arbeit auf der Farm machen?"
Einmal mehr sprach der Farmer: „Was geschieht, das geschieht."

Eine Woche später kamen Soldaten, um alle jungen Männer für den anstehenden Kriegszug zu rekrutieren. Als Einziger blieb der Sohn des Farmers zu Hause. Grund war sein gebrochenes Bein.
Wieder kamen die Nachbarn und sagten: „Was für ein großes Glück ihr habt. Wir freuen uns für euch."

Der Farmer antwortete völlig ruhig: „Was geschieht, das geschieht."

Diese Haltung des uneingeschränkten Annehmens heißt nicht aufzugeben und hat nichts von Passivität. Wir können uns vorstellen, dass der Farmer in dieser Geschichte alles tat, was in seinen Händen und in seinem Leben lag.
Nicht zu akzeptieren, was in uns oder außerhalb von uns geschieht, ist oft überflüssig und besonders unbequem.
Akzeptieren wir den Moment der Realität, können wir ab diesem Punkt handeln und transformieren. Die wahre Veränderung jedoch geschieht, wenn wir bereit sind, unser Ego zurückzustellen und uns der momentanen Situation anzupassen. Dieses Vertrauen in die Harmonie des Kosmos und das Eintauchen in die Freude über unsere Aktivität erlauben es unserer Energie, frei zu fließen und sich nach unserem Inneren auszuschwingen.

*„Nie wurde ein großes Projekt
ohne Enthusiasmus erfolgreich ausgeführt!"*

Empathie – der Schlüssel zur Veränderung

Emotionale Empathie ist die Basis zur großen humanistischen Veränderung. Empathie ist eine Kraft, die uns antreibt zur Weisheit und zur Solidarität unter den Menschen.

In diesem Moment, wo ich dieses Kapitel schreibe, erreicht mich die Nachricht vom Tode Nelson Mandelas. Wen sonst in dieser Welt könnte ich als herausragende Persönlichkeit nennen? Ein Mensch, der Empathie geradezu verkörpert und ein durch Rassismus getrenntes Volk verändert hat. Nelson Mandela besaß die Fähigkeit, mit Blick auf das Allgemeinwohl und das persönliche Wohlempfinden für sein Land zu sorgen. Es war Empathie, die es ihm ermöglicht hat, trotz jahrzehntelangen Leidens einen Weg zur Versöhnung eines ganzen Volkes zu finden.

Ein weiteres Beispiel der Empathie erzählt uns eine nordamerikanische Indianerweisheit:

„Beurteile nie eine Person,
wenn du nicht vorher einige Meilen
in ihren Mokassins gelaufen bist."

Als Coach bin ich schon in vielen Mokassins gelaufen, und es ist klar, dass wir niemanden verstehen können, wenn wir nicht an seinen Erfahrungen teilgenommen haben.

Um mich noch besser in die Haut eines anderen Menschen hineinzuversetzen, spüre ich das Echo seiner Emotionen.
Die Empathie sowie das Vertrauen sind ein entscheidender Schlüssel zur Verständigung aller sozialen Lebewesen.

Mit Kraft und Empathie haben wir die Möglichkeit, Gefühle und Emotionen wahrzunehmen, und es macht uns stark, in uns selbst Veränderungen zu bewirken.

„Mit Empathie einen Menschen nicht nur zu sehen, sondern ihn auch zu spüren, zu fühlen und sich in seine Haut zu versetzen, bringt uns so viel neue Erfahrungen, dass wir die Fähigkeit zur Veränderung in uns selbst gestärkt aufbringen."

i want morebooks!

Buy your books fast and straightforward online - at one of world's fastest growing online book stores! Environmentally sound due to Print-on-Demand technologies.

Buy your books online at
www.get-morebooks.com

Kaufen Sie Ihre Bücher schnell und unkompliziert online – auf einer der am schnellsten wachsenden Buchhandelsplattformen weltweit! Dank Print-On-Demand umwelt- und ressourcenschonend produziert.

Bücher schneller online kaufen
www.morebooks.de

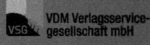 VDM Verlagsservicegesellschaft mbH
Heinrich-Böcking-Str. 6-8　　　Telefon: +49 681 3720 174　　info@vdm-vsg.de
D - 66121 Saarbrücken　　　　Telefax: +49 681 3720 1749　　www.vdm-vsg.de

Printed by Books on Demand GmbH, Norderstedt / Germany